A PERFECT DAY

ボブ・トビン 著
矢島麻里子 訳

生きるなら、最高の日を

Discover

はじめに

今よりも、晴れやかで満ち足りた一日を送ることを想像してみてください。

あなたにはパーフェクトな人生を送る価値があります。「パーフェクト」とは、何が起ころうとも、その状況にうまく適切に自信を持って対処でき、今以上の喜びと幸せに満ちた人生を送ることを意味します。「何をやってもうまくいかない日々」に別れを告げることができるのです。満ち足りた一日がさらにパーフェクトな人生をつくります。


そして、価値のある人生を手に入れることは誰にもできるのです。

自分が望むものを手にするためにとるべき行動は、たいてい明確ではありません。本書に書かれた秘訣や提案は、小さな一歩のように思えるでしょう。

そして、すでに頭の中で考えていた方もいるでしょう。

しかし、もっとも重要なことは考えるだけでなく、一歩を踏み出し新たな習慣を身につけ、より良い人生を送るために日々の中で実行することです。

もっと幸せに生きるために、何をどうすればよいのか、私にも長い間わかりませんでした。私は自分で自分を苦しめていたのです。

それでも、自分自身を変え、30年にわたり日本でキャリアを築きながら洞察力に磨きをかけ、人が人生で望むことをより多く実現するために何ができるかがわかるようになりました。そうするうちに、より豊かな人生を送るためには、私自身が行動を起こす必要があると気づいたのです。

本書では、大学教授やコンサルタントとして、日本に住む数千人の人たちに私が伝えてきたアドバイスを紹介しています。あなたもここに挙げた行動を起こすことができます。

人生の喜びを増やすには、習慣を変え、新しいスキルを身につけ、新たな多種多様な関係を結ぶ必要があります。全てあなたにもできることばかりです。

あなたが今どういう立場であっても——大企業で働いていても、フリーランスであっても、家族の世話をしていても、自営業を営んでいても——さらに多くの喜びや幸せを手に入れることができます。

あなたの人生をもっと喜びと幸せに満ちたものにしてみませんか？

本書には、素晴らしい日々、満ち足りた人生を送るためのアドバイスや提案がたくさん詰まっています。パーフェクトな日々を手に入れることは可能です。それは最高に心地よく、あなたに最大のメリットをもたらします。毎日がパーフェクトな日になり得るのです。本書で紹介するのはすべて、それを実現するために私自身が実行し、人に勧めてきた方法です。

すべて一度に実行しようと思うと気が遠くなるでしょう。

一番心に響いたことや最も簡単なことから始めてください。なかには、時間をかけて変えていくべきことや、後回しにしたほうがよいものもあるでしょう。

本書から最大限の効果を引き出すために、ただ読むだけでは終わらせないでください。読みながら行動に移してください。必ず成果が表れると約束します。

行動を起こす準備はできているけれど、どうすれば前に進めるのかわからないと思うのであれば、ここにあなたが望む人生を築くためのヒントになるロードマップを提供します。

ここで説明した方法は働くことやキャリアアップに関わるものが多くなっています。しかし、それだけでなく人生全般にも当てはまるとわかるはずです。

変わることは必ずしも難しくありません。変わる心構えができているならなおさらです。本書を手に取っていること自体、あなたが何かを変えたいと思っている証しなのですから。

第1章

最高の一日をはじめる

contents

第2章

ポジティブな心をもつ

第3章

うまくいく状況をつくる

第4章

まわりの人に影響を与える

第5章

さらに幸福な毎日を送る

第1章

最高の一日をはじめる

01

「やらないことリスト」をつくる

誰もがＴｏ‐Ｄｏ（やること）リストをつくりますが、それとともにもう一つ必要なものがあります。「やらないことリスト」をつくることです。

「やらないことリスト」は、やめたいと思っているのにやめられない悪しき習慣を断ち切るためのリストです。あなたが望む前向きな人生に向かって正しい軌道を保つために、このリストが役に立ちます。

「やらないことリスト」をつくるのは奇妙に思えるかもしれません。試しに、あなたがやめたいと思っていることを思い浮かべてください。それをやめたらどういう効果があるか考えてみましょう。

あなたの「やらないことリスト」には、たとえば次のような項目が含まれるかもしれません。

- ・ネガティブな言葉を使わない
- ・他人と自分を比べない
- ・人を妬まない
- ・ノーと言いたいときに、イエスと言わない

リストの内容は人によってさまざまです。

リストはカバンに入れたり、自分の目に留まる場所に貼っておくなどしていつでも見えるようにしておきましょう。

最初は項目を3つか4つに絞ってください。そうすれば、リストに何を書いた

か忘れずにすみます。Ｔｏ－Ｄｏリストとは違いますから、毎日更新する必要はありません。

習慣を変えられたら、必要に応じて項目を削除したり追加したりしてください。

毎日を最高の日にする秘訣

▽やらないことリストに３～４つ項目書いてみる

02 毎日新しいスタートを踏み出す

未完了のままのプロジェクト、苦い辛い思い出や経験、気難しいクライアントや上司に関する悩みなどにとらわれて、一日気分が晴れないことはよくあります。そんなときは、頭の中にある邪魔な記憶を一掃してみましょう。毎日新しいスタートを切るのです。ほんの少し想像力を働かせればできるはずです。

昨日、あるいは数週間前、数カ月前、数年前に起きたいやなことは忘れましょう。

新年に新たなスタートを切るように、毎日新しいスタートを切りましょう。

今日が職場での初日だと想像してください。当時の感覚を思い出しましょう。

今日一日、プロジェクトや仕事に違うやり方で取り組んでください。

すべてが新しく、初めて目にするものだと想像してみましょう。

仕事に何か新しいことを取り入れてください。

同僚にも新鮮な目を向けてください。

当然、そこにいる大半がこれまでと同じ人たちですが、会うのは今日が初めてだと想像してください。


すべてを新しくスタートさせるのが無理な場合は、部分的に新しいやり方を取り入れましょう。まずは少数のプロジェクトや少人数で始めてみましょう。

今日一日、新しい自分になって仕事に取り組んでください。

毎日を最高の日にする秘訣

▽頭にある邪魔な記憶を削除する

▽初めての感覚を思い出し、新鮮な目を向ける

03

自分の強みに目を向ける

あなたは学校や職場で、自分の弱み、つまり改善が必要な面に目を向けることに慣らされています。教師や上司、おそらくあなた自身も、改善が必要な面に注意を向けているでしょう。しかし、これは必ずしも十分なアプローチではありません。もう一つ重要なことがあるのです。

自分の強みが何か、あなたにしかできないことは何かを把握し、それをさらに伸ばして生かすようにしてみましょう。あなたを成功に導き、際立たせるのは、あなたの強みです。

もし人を結びつけるのが得意なら、そこに目を向けて、その強みを生かしてください。こうした特性はリーダーの役割を担うときに大いに役立ちます。あなたの秀でた面として評価されるようになるでしょう。

何もかも得意になるのは不可能です。当然あなたには弱みがあります。誰でも同じです。

ただ、弱みを克服するには時間がかかります。自分の強みを知れば今の職種が本当に自分に合っているのか、合っていないのかを知る助けになります。

自分自身の強みに目を向ければ、自分が得意で楽しめる仕事や働き方に近づくことができるはずです。

毎日を最高の日にする秘訣

▽自分にしかできないことを把握し、強みを伸ばす

04 鏡で自分自身を知る

ビジネスにおいては、アイデアやスキル、仕事への取り組み方によって評価判断されるのが一番ですが、外見に無頓着であることがあなたの本来の評価を下げてしまうことがあります。

人はあなたと会うときに何を見ているのでしょうか？　あなたの見栄えや外見が、人に多くを伝えていることに気づいてください。

加齢に伴うしわや白髪は避けられない自然現象です。それがありのままのあなたです。しかし、外見を整えることによって相手に好印象を与え、自信に繋げることもできるのです。

アイロンを掛けたシワのない服。清潔感のある髪。磨かれた靴。

それらを纏うだけでも自信が高まり、人により良い強い影響を与えられるようになります。

ファッションセンスに自信がないなら、友人からアドバイスを受けるのも良いでしょう。白いスポーツソックスは体操着を着たときに履きましょう。決してビジネススーツのときには履かないでください。

どこをどう改善すると良いのかを把握しましょう。そして今すぐ、改善する決意をし、実行に移してください。

美容院に予約の電話を入れましょう。朝の10分を身だしなみを整える時間に使ってみましょう。ウォーキングを始めたり、フィットネスセンターやプールに通って、健康的な体をつくりましょう。

健康的で魅力的な人として見られるようになってください。

恐れずにときどき外見を変えてみましょう。自分の見た目で遊ぶのは楽しいものです。

毎日を最高の日にする秘訣

▽**身だしなみを整え、改善を実行する**

05 携帯電話をしまう

もし会話をしている途中に相手が電話に出て話を始めたり、メールを打ち始めたりしたらあなたはどんな気分になりますか？

本来コミュニケーションをとるツールである携帯電話が、人とのつながりや生産性を下げることがたびたびあります。

しかし、携帯電話が視界に入ると、つい手に取ったり、見たり、誰かと連絡をとったり、メールやメッセージに返信したくなります。

人と会っているときや生産性を上げたいときは、自動通知機能をオフにし、サイレントモードに設定しましょう。

人と時間を共有しているときは、相手に100パーセント意識を向けてください。

携帯電話がテーブルの上にあるだけで、相手に「この人は私以外の人とのコミュニケーションを待っているのか?」と誤解させてしまうかもしれません。

緊急の電話やメールを受けることや、携帯電話の機能を使って辞書を開いたり、検索をしたりすることもあるでしょう。

その場合は相手に「ちょっと調べ物をしますので」と一言断りを告げてください。それだけであなたの印象は格段によくなります。

友人であれビジネスミーティングであれ、最悪電話にでなければならない場合、電話の相手に「何分後に掛け直します」と返答してください。

目の前にいる友人、もしくは仕事相手はあなたに敬意を払うでしょう。

ランチをとるときは、携帯電話をしまって、100%食事や同席者との会話を楽しんでください。

歩くときは携帯電話をしまってみましょう。

歩くときはリラックスした気持ちで、人や建物や自然に目を向けましょう。ストレスレベルが徐々に低下し、さらに、周りの新しいものや美しい景色を発見できるでしょう。

毎日を最高の日にする秘訣

▽ **携帯電話を目につかない場所にしまう**

▽ **携帯電話をサイレントモードにする**

06

常に学び続ける

学校を卒業したからといって、学びが終わるわけではありません。学校教育は学びの始まりにすぎません。自らの成長やキャリアアップのために、決して学ぶことをやめないでください。

誰からも、どんな状況からでも学ぶことができます。すべての人があなたの師となり得ます。自分自身についても――何をするのが好きなのか、何が得意なのか、何が苦手なのか――学んでください。

会社の新規プロジェクトチームや研修プログラムに加えて、仕事以外のセミナーや社会人教育プログラムにも参加してみましょう。

歌やダンス、語学を習うなど興味があったけれども踏み出しきれなかったことに挑戦すれば、新たな目線で物事を見聞きすることができるようになります。学びには終わりがないのです。

頭や心を新鮮に保つためにもできる限り精一杯学び続けてください。

毎日を最高の日にする秘訣

▽ 一緒に働く人から学ぶ

▽ 新規プロジェクトや研修に参加する

07

ネガティブな言葉に一日を台無しにさせない

時には、あなた自身や、あなたの仕事、判断に関して批判的な意見を言う人もいるでしょう。新しいことや人と違うことをしているときは、特にこうした状況がよく起こります。

他人の否定的な意見によって、心が傷つき、自信が揺らぐこともあるかもしれません。しかし、仕事でやりたいことがあり、自分のしていることに自信があって、それが実行できるときは、他人の意見に邪魔される必要はありません。

否定的な意見にその場で応じる必要はありません。そこで相手と議論する必要もありません。対応のしかたにはいくつか選択肢があることを認識しましょう。

効果的な対応のしかたを一部紹介します。

1．相手と向き合い、何が言いたいのか確かめる質問をして相手の意図を探ってください。「私の見方は違います」と言ってもよいでしょう。おそらく相手は発言を軟化させ、有益な情報が得られるかもしれません。

2．「ありがとうございます」とだけ言って、やっていることをそのまま続けることもできます。普通はそれによって否定的な発言をやめさせることができます。相手の意見を一旦受け止めることになるため、発言を無視するよりも好ましい方法です。

否定的な発言は、あなたへの攻撃に思えるかもしれませんが、そうでない場合もあります。否定的な発言によって自分のやり方に従わせる手段として使われる場合です。その人たちの発する言葉は、あなたではなく、その人自身の思考に深く関わっているのです。

否定的な言葉になんら悪影響を受けることなく、言われたことの大部分を無視した方が良い場合もあります。どの組織にも、常にいじめる相手を探している「いじめっ子」のような人がいるものです。

そういう相手には、「ありがとうございます」「意見が合わないようですね」「そのご指摘は参考になりません」と言って対応しましょう。簡単過ぎるようですが、とても効果があります。

仕事でやりたいことがあり、それが実行できるときは、否定的な意図を含む他人の意見に邪魔される必要はありません。

誰かに批判されて口論を始める人たちを見かけたことがあるでしょう。しかし、あなたの仕事は、あなたがどういう人間かを相手に納得させることではありません。自分の仕事を精一杯やり遂げることです。

否定的な意見に対応するときは、相手との関係を考慮することが大事です。あなたが意見を尊重している人であれば、相手と向き合って、発言の意図を詳しく探ってください。尊重していない人であれば、「ありがとうございます」とだけ言って、やっていることをそのまま続けたほうがよいでしょう。

相手が言うことに一理あったとしても、その場で応じる必要はありません。後で検討しましょう。

もし多くの人から同じコメントを聞く場合は、言われたことを真剣に考えてください。

素晴らしい一日を過ごすために、他者からのネガティブなコメントやメッセージに影響を受ける必要はありません。

毎日を最高の日にする秘訣

▽ **否定的な言葉に影響を受けない**

第2章

ポジティブな心をもつ

08

期限は厳守する

所定の期日までにプロジェクトを完了させると約束したら、確実に期日どおりに終わらせてください。言い訳をしてはいけません。

後ろの工程を担う人たちが、あなたの仕事が終わるのを待っています。彼らはあなたの仕事の検証や、制作、流通の準備をする必要があるかもしれません。

「仕事の期限を守れない人」という印象を与えてはいけません。そんな評判が立てば、簡単に信頼を失い、そのうち人から信用されなくなるでしょう。

実際の期限の数時間前あるいは数日前に、早めの期限を独自に設定しましょう。そうすれば、実際の期限までに確実に仕事を仕上げられます。

万が一期限を守れそうにない場合は、担当する部分の仕事が遅れることを、関係者に事前に知らせてください。それによって先方はスケジュールを調整できます。遅れの連絡は、期日を待たずに必ず早めに入れてください。

期限より前に仕事を仕上げて相手を驚かせましょう。そうすれば、あなたの評判は上がり、関わりのある全ての人からも喜ばれます。

毎日を最高の日にする秘訣

▽ **仕事の期限より前に自分で期限を設定する**

▽ **期限より前に仕事を仕上げる**

09

仕事はあなたの舞台

舞台は役者やエンターテイナーだけのものではありません。あなたの仕事や人生は舞台であり、自分に何ができるかを披露するステージです。人はあなたのパフォーマンスを見ています。

自分が誇れるような働き方や生き方をして、最高のパフォーマンスを見せるよう心がけてください。職場や生活の場は劇場ほど広く華やかではないかもしれませんが、あなたにとって、何よりも大切な場所です。生き方や働き方、発する言葉、人との接し方、仕事の質によって、あなたは毎日自分の評判を築いているのです。

あなたの素晴らしさを見せるチャンスを逃さないでください。

数年前、私はジャパン・ライターズ・カンファレンスに発表者として登壇しました。当時の私にとって、本の執筆はまだまだ夢でしかありませんでした。カンファレンス直前は、発表者の中で自分だけが浮いているように思え、とても不安でした。友人にその不安を打ち明けると、「心配は無用」だと言われました。実際に、原稿を読むだけの人がほとんどで、彼の言葉の意味がわかりました。

私は他の発表者とは違うアプローチをとりました。数週間かけて準備を整え、当日は全身全霊で聴衆に語りかけました。スライドを使い、多数の事例を紹介し、グループワークを盛り込み、参加者に持ち帰り資料も配布しました。最善を尽くし、自分でも満足のいく発表ができたのです。

発表の後、ある参加者からメールが届きました。その女性は、自分は日本の出版社の社員で、会社の編集主任に私を紹介し、本の執筆の相談をさせてほしい、と書きつづっていました。

後日、関係者全員で顔を合わせて詳細な話し合いをしたのち、私は本の出版契約を打診されました。こうして、出版社ディスカヴァー・トゥエンティワンは、本書をはじめとする私の著書の出版元となったのです。

自分の舞台で最善を尽くすこと、それ自体が素晴らしい成果を生むのです。自分にできる最高の仕事をすることで大きな満足感が得られますが、それがさらにあなたが期待もしていなかった、思わぬチャンスに繋がることもあるのです。

舞台であなたにしか出来ないことを披露するチャンスを決して逃さないでください。どんなに小さな舞台であってもです。

毎日を最高の日にする秘訣

▽自分の舞台で最善を尽くす

10 ポジティブなエネルギーを放つ

あなたが持つエネルギーは、口を開く前からあなたの人となりを相手に伝えます。

個々の持つエネルギーは、周りに醸し出される雰囲気でもあり、その雰囲気があなたを魅力的に見せることもあれば、その逆のこともあります。

よりポジティブなエネルギーを生み出す簡単な方法をいくつか紹介します。

1. ビジネスシーンでも、プライベートシーンでも、人をほめる。
2. ポジティブな同僚や友人を見つける。
3. ネガティブな思考をゴミ箱に捨てる。

4．口角をあげる。笑顔を絶やさないことはポジティブなエネルギーを養う一番手っ取り早い方法です。
5．ネガティブで気がめいるような場所や会話から身を遠ざける。
6．あらゆる機会をとらえて、人に「ありがとう」と言う。「ありがとう」は魔法のような言葉です。

あなたがポジティブなエネルギーを見せれば、さらにポジティブなエネルギーがあなたに返ってきます。

毎日を最高の日にする秘訣

▽ポジティブなエネルギーを発する習慣を身につける

11
勇気をだして嫌な人と縁を切る

仲良く時間を過ごしていた間柄でも、時が経つにつれ、一緒に過ごすのが非常に心地悪く感じたり、時間を無駄にするばかりか、意地悪をされていると気づくことがあります。

ある時点で、その人たちが自分の周りにいないほうが、人生がもっと明るくなるのではとあなたは気づくかもしれません。

そういう相手をはしばらくの間そっと遠ざけてみましょう。実際にさよならを告げる必要はありません。一緒にいる時間を徐々に減らして、存在を小さくしていくのです。

もしどうしてもそりが合わない上司がいて、縁を切ることができないならば、せめて一緒に過ごす時間を減らしましょう。嫌な上司の下で働いている場合は、できるだけ多くのことを学びながら、いずれは別の部署や組織に移る計画を立てましょう。その状態を当たり前に思ってしまうほど長い間、つらい環境にとどまってはいけません。

クライアントや取引先に嫌な人がいる場合もあるでしょう。そのときは、タイミングを見計らって縁を切る決断をしてもかまいません。クライアントを自ら手放すなど、どうかしていると思うかもしれませんが、厄介なクライアントに注いでいたエネルギーをすべて別のクライアントへのサービスや新規クライアントの獲得に向けることの方が建設的です。

あまりにもたちの悪い考え方や方向性の違うクライアントを不本意ながらも抱えていると、新たな優良なクライアントを遠ざけてしまいます。優良なクライアントは、なぜあなたが方向性の違う人たちと仕事をしているのか不思議に思うでしょう。

あなたを尊重し、建設的な話ができ、お互い元気になれる人たちの中に身を置きましょう。

どこに行けばそういう人たちに出会えるでしょうか？

周りを見回してください。すぐそこにいます。嫌な人たちに気をとられて、出会う機会を逃していただけなのかもしれません。

毎日を最高の日にする秘訣

▽ **一緒にいて嫌な人と会う時間を減らす**

▽ **お互い元気になれる人たちと一緒にいる**

12

否定的なコメントは受け流す

自分がポジティブなエネルギーの持ち主だと自覚できれば、より自信が持てるようになります。人がたいてい自分に好意的な反応を示すことがわかってきます。否定的なコメントを受け流し、ユーモアで返せる自分を発見するかもしれません。これはイタリアの閣僚が、きわめて人種差別的な中傷への対応でやってみせたことです。

イタリア初の黒人閣僚であるセシル・ケンゲ氏が、ある集会での演説中に、聴衆の一人からバナナを投げつけられるという事件が起こり、国内に非難の声が広がりました。それ以前にも、別の政党の議員が、ケンゲ氏をオランウータンに例える発言をしていました。

しかし、ケンゲ氏はこうした挑発に乗ることなく、「食べ物を粗末にした」行為をたしなめる発言でこのバナナ事件に対応しました。「私に問題があるわけではないと思います。不満を抱えている人たちがいるということです」と彼女は語りました。

ケンゲ氏の対応は見事です。

他人のネガティブなエネルギーや否定的なコメントについて、まともに受け止めたり反応したりする必要はありません。

毎日を最高の日にする秘訣

▽否定的なコメントをユーモアで返す

13 人のためにお金を使う

貧困や病から人を救う手伝いができたら、地震で家を失った人たちの支援をしたら、あなた自身がどのような気持ちになるか考えてみましょう。

寄付で人々の生活を変えるのに、金額の大小は関係ありません。寄付をすることによって社会を理解するきっかけになるかもしれません。また、支援を必要としている人たちのために寄付をするということは単純に素晴らしい行いなのです。

あなたには欲しいものがたくさんあるかもしれませんが、最低限の食料・水・住居にも困っている大勢の人たちの必要の度合いとは比べものになりません。

今まで寄付をした経験がなくても、困っている人たちに支援の手を差し伸べることを検討してみてください。

たとえば、日本の生活困窮者に食事を提供するフードバンクに、毎月定額の寄付や一時的な寄付をすることができます。自然災害で避難生活を強いられている人たちを支援することもできます。貧しい国の子どもたちが読むことを学べるよう支援する組織に寄付することもできます。

評判のよい慈善団体を調べ、活動内容がはっきりとわかり、寄付金が意図したとおりに使われるか確認できる団体に寄付をしてください。

慈善団体と個人的なつながりを築けば、自分が行った寄付の効果を確かめることも可能です。

団体を率いるリーダーについて知り、その活動を支える他のメンバーと知り合いになることも可能です。そこではあなたが所属する会社組織以外のさまざまな人たちと出会う機会が得られます。支援者コミュニティに参加したり、新しいコミュニティを立ち上げたりして、活動の幅を広げてみましょう。

仲間を集めて募金イベントに参加してはどうでしょうか？　仲間の結束を固めながら人助けもできるという二重のメリットがあります。

困っている人にお金を寄付する人は、それがたとえ少額でも、寄付をしない人よりも幸せを感じると最新の研究は結論づけています。お金は確かに幸せをもたらします。つまり、人のためにお金を使うことでも幸せになれるということを、この研究は明らかにしています。

あなたの会社が慈善団体を支援しているなら、それはとても素晴らしいことです。

しかし、寄付することのメリットを個人的に経験したいのであれば、身銭を切って個人で寄付をしてみましょう。

企業が従業員から寄付を募り、寄せられた金額に同額を上乗せして慈善団体に寄付をするマッチングギフト制度というものがあります。あなたが寄付をすれば、会社の寄付総額が増えることになりますし、寄付をすることによって、あなた自身も誇らしく感じられるでしょう。

寄付をする方法は他にもあります。たとえば、フードバンクに食料を寄付したり、ペットシェルターにペットフードやトイレシートを寄付したり、シェルターで生活している人たちに毛布を寄付したり。そして、自分の時間を提供するという行為も大きな寄付なのです。

毎日を最高の日にする秘訣

▽困っている人たちに寄付をする

14 毎日エネルギーを充電する

どんな仕事もポジティブなフィードバックや良いリアクションを受けるとエネルギーの源になります。

どんなに楽しく仕事をしていても疲れるときはあります。あなたは毎日長時間休みなく働き続ける超人になる必要はありません。仕事を継続するにはさらにエネルギーが必要なのです

毎日どこかで短時間でも良いので、身体と頭を休ませる時間をとってください。エネルギーの充電は、ぜいたくな楽しみではなく、必要不可欠なものです。

短時間でも作業スペースから離れる時間をとって、ストレッチなどをして頭をすっきりさせ、エネルギーの充電をしましょう。

静かに座ってリラックスし、目を閉じて瞑想に浸るのもエネルギーを回復させる有効な方法です。

ランチをつい自分のデスクですませたくなることもあるかもしれませんが、なるべく避けましょう。とにかくデスクから離れましょう。

同僚とランチをするときはできるだけ仕事の話を避けるようにしてみましょう。

平日は毎日死にもの狂いで働き、週末はベッドで一日過ごすような極端な生活は避けてください。

毎日こまめにエネルギーを充電し、週末には好きなことをもっと楽しむようにしましょう。

シンプル過ぎると思うかもしれませんが、疲れたときこそ10分の短時間でも良いので散歩をしてみてください。いつもと違う道を歩くと新たな発見があり、リフレッシュ効果が期待できます。(当然ですが携帯電話はＯＦＦモードで)

毎日を最高の日にする秘訣

▽**毎日身体と頭を休ませる時間をとる**

▽**疲れたときこそ散歩をする**

15
考えを明確にする方法

意思決定を行うときに、プラス面とマイナス面のリストを作成する方法はご存じでしょう。より的確で明確な意思決定をしたい場合は、頭の中にあるイメージをビジュアル（絵）で描いてみてください。

ビジュアルイメージは言葉では表せないことをわかりやすく簡潔に表現でき、選択のジレンマやまとまらない考えを整理し解決するのに役立ちます。

プロジェクトチームをつくるときに、候補メンバーの中から誰を採用すべきか迷ったときは、他のメンバーとの相性、スキル、リーダーとしての潜在能力などの項目別に、各候補者を評価する絵を描いてみてください。

上司、あるいは同僚が、報告書やプレゼンテーションで最適な言葉を選ぶのに苦労した場面を見たことがあるのではないでしょうか。ビジュアル（絵）にすることで、このルーティンから抜け出せますし、イメージをビジュアル（絵）にすることは、言葉を選ぶうえでも役に立ちます。

描くイメージは完璧である必要はありません。棒線画で十分です。最初は紙切れに書き出してもかまいません。

毎日を最高の日にする秘訣

▽何かの選択や言葉に迷ったときは絵を描く

16 有言実行型になる

有言実行ができる人になりましょう。口先だけの「有言不実行型」になってはいけません。口先だけの「有言不実行型」の人たちは、今後の計画を語り、「これからやります」と言いながらも、行動に移しません。

あなたはどのくらいの頻度で「これからやります」と言っていますか？

それを実行していますか？

それとも「今取り組んでいます」「やり遂げました」と言っていますか？

忙しいというのは言い訳になりません。誰もが忙しいのです。優先度の高いものであれば必ずスケジュールに組み込んでください。オフィスに戻ったら詳細メールを送るとクライアントに約束したのなら、必ず送ってください。すぐに送れない場合は、少なくともいつ送れるかをメールで知らせてください。

会議やパーティーに出席すると約束したのなら、必ず出席してください。約束を破るたびに、あなたの信用は傷つきます。

やると言ったことをやり遂げるのは、信頼できる人、約束を守る人という評判を築く一つの方法です。あなたにとっても、相手にとっても、非常に価値があることです。

これは、ソーシャルメディア上の投稿にも当てはまります。イベントに「参加する」をクリックしたら、参加してください。主催者は計画を立てるために正確な参加人数を把握する必要があります。自分でイベントを企画開催した経験があればよくわかるはずです。

有言実行は自分自身が達成感を感じられるとともに、相手からは信頼と感謝を得ることができます。

あなたが想像する以上に重要なことなのです。

毎日を最高の日にする秘訣

▽**優先度の高い仕事はスケジュールに組み込む**

▽**約束はどんなものでも必ず守る**

第3章

うまくいく状況をつくる

17 心地よい居場所をつくる

時には、ただ安心できる居場所が必要なこともあります。心地よい居場所から離れるべきだと人は言うかもしれませんが、私は同時に自分の周りに心地よい環境を確保することを提案します。

これには、心が安らぐ場所や一緒にいてくつろげる相手も含まれます。

職場では、美しい物や大切な物を飾るなどして、あなたの作業スペースを自分好みにアレンジしてみましょう。

仕事をしながら美しい景色も楽しめる共用スペースが、心地よい居場所になるかもしれません。一緒にいて楽しい、気の合う同僚もこれに含まれるでしょう。

自宅では、ゆったり座れるソファやぐっすり眠れるベッドがそれに当てはまるかもしれません。私は掃除がそれほど得意ではありませんが、自宅の一つのエリアだけはいつもきれいに整頓し、帰宅したときにリラックスできるようにしています。

気分が明るくなる物や写真や花を飾ってみましょう。パートナーや子どもやペットと暮らしているなら、一緒に過ごすための場所と別々に過ごすための場所を確保しましょう。

友人は心地よい居場所の重要な要素です。同僚や家族、定期的に会いたいと思う友人と、心地よい集まりをつくることができます。

レストランやバー、コーヒーショップ、ジム、コミュニティセンターといったよく訪れる場所にも、心地よい居場所を広げることができるでしょう。

特定の場所の「常連」になると、スタッフがあなたの好みを把握し、あなたのことを理解してくれるようになります。

あなたを温かく迎え、名前を呼び、好きな食べ物や飲み物を覚えていてくれる場所を訪れるのは、とても気持ちが安らぐものです。

毎日を最高の日にする秘訣

▽ **リラックスできる場所をつくる**

▽ **特定の場所の常連になる**

18 現実的楽観主義者になる

あなたは楽観主義者ですか？　それとも悲観主義者ですか？

楽観主義者は、悪い知らせや挫折をほんの一時的な後退だとポジティブにとらえます。こうした出来事にもくじけることはありません。逆境に直面したら、それをチャレンジとみなし、いっそう努力します。

一方、悲観主義者は、自分がやることがうまくいかなかったときや、最悪の事態が起きたとき、それが自分の落ち度だと思い込みます。

現実的楽観主義者になってください。

厳しい状況でも、それが必ずしも不幸や悲観的な展開に直結するとは限りません。さまざまな対応のしかたがあると認識してください。

あなたの会社が人員整理を行おうとしているとします。もしあなたが現実的楽観主義者であれば、解雇される可能性もあれば、解雇対象から外れる可能性もあると認識できるでしょう。

また、異動になったり、転職先を斡旋されるなど多くの可能性があるはずだと気づきます。

解雇されても、もしかすると今よりも良い条件の仕事に出会う可能性もある、と前向きに考えることができるでしょう。

一方、あなたが悲観主義者であれば、自分は解雇されると思い込み、失業という現実に打ちのめされ、新しい仕事を見つけるのは無理だと考えるかもしれません。

しかし、解雇されたとしても、それはあなたが考えているほど悪いことではないかもしれないのです。

悲観主義は変えられないものだと思ってはいけません。ポジティブな思考や現実の直視、ポジティブな人たちの中に身を置くことが、悲観主義の克服に大いに役立ちます。

私は個人的な経験から、人が悲観主義から楽観主義に変われることを知っています。

私は生まれながらの楽観主義者ではありません。楽観主義について私が理解していることはすべて、学んで訓練して身につけたものです。

昔の私は常に最高ではなく最悪の事態ばかり考えていました。起こることすべての状況を絶望的に見せる色眼鏡を通して見ていたのです。

私は時間をかけて、より良い思考や行動、話し方をするように自分を変えました。

楽観性を身につけるには意識的な訓練が必要ですが、やがてそれがあなたの人格の一部となるのです。

あなたが現実的楽観主義者になったとき、より多くの新しい可能性を見つけることができるでしょう。

毎日を最高の日にする秘訣

▽逆境に直面したときも前向きにとらえる

▽ポジティブな人たちの中に身を置く

19 「右へならえ」から脱する

変化をもたらす人には存在感があります。人と違うやり方をするからこそ、ポジティブな影響を与えられるのです。

これはときに、独自のやり方を貫き、トレンドに逆らうことを意味します。人に追随するのは無難ですが、それでは大きな影響力を発揮できません。

アイスバケツチャレンジを覚えていますか？　もしかしたら、あなたやあなたの友人も、バケツに入った氷水を頭からかぶって、ＡＬＳ（筋萎縮性側索硬化症）の理解促進を目的とするこの運動に参加したかもしれません。

アイスバケツチャレンジは、２０１４年7月から8月にかけてソーシャルメディアで急速に広がり、多くの動画が投稿され、多額の寄付を集めました。

私の友人は、単に氷水をかぶるようなことはしませんでした。一味違うやり方をした彼の動画は、見る者を刺激し、啓発しました。

動画の中で、彼はＡＬＳに関する情報をあらかじめ何十枚もの小さな紙片に書いてそれを頭からかぶったのです。

彼は頭からかぶった紙片を拾い上げ、そこに書かれた情報を読み上げて、ＡＬＳが何の略であるか、ＡＬＳが10万人に２人の割合で発症する病気であること、ＡＬＳの患者が筋肉制御機能を失うことなどを伝えました。

その他多くのチャレンジャー達と同じことをしなかった彼の動画は、記憶に残るものになりました。

彼は人と違うやり方をして、見る者を刺激し、啓発し、多くの人に影響を与えたのです。

違いによって影響力を高められます。自分の違いに価値を持たせてください。

毎日を最高の日にする秘訣

▽**人と違うやり方をして影響力を高める**

20 先例を作る

創造性と革新、イノベーションを妨げる最大の敵は「これまでずっとそうしてきたから」という言葉です。

なぜそのやり方を維持しなければならないのかを考える人は少ないでしょう。組織に同調して「なじむ」のが当たり前とされる日本では、目立つことがマイナスに捉えられる場合も確かにあります。

しかし、組織のほとんどのプロセスには、より効果的な別のやり方があるはずです。

「右へならえ」から脱して、まったく違うやり方をしてみませんか？

あなたの組織が違いや変化という言葉を嫌うなら、それをイノベーションと呼び替えてください。会社は常にイノベーションや革新を求めていますから。

あなたに必要なのは、変えようとする意志と勇気だけです。


ホテルチェーンのマリオットは、ホテルスタッフの立ち居振る舞いを磨くことを目的に、ジョフリー・バレエ団と協力してバレエの基礎プログラムから、ホテルでの美しい所作を学ぶための新しいプログラムを開発しました。

プログラムディレクターの一人は、

「研鑽を積んだバレエダンサーが自然に行っている独特の所作が、バレエの舞台からホテルのフロアにスムーズに引き継がれている様子は見事です」と述べました。

そのプログラムディレクターはさらにこう続けています。

「バレエでは、自信を養い、周囲の人たちと真のつながりを築くことを学びます。これは、接客に携わるすべての人に欠かせないスキルです」

あなたの組織でも先例を見直し、新しいやり方ができないかどうか、考えてみましょう。

毎日を最高の日にする秘訣

▽これまでの慣習を見直し、別のやり方をしてみる

21 既成概念を打破する

常識から外れていると思われるようなことをしてみませんか？

斬新なこと、既成概念を打ち破るようなことに挑戦してみませんか？

メキシコシティ国際空港のディレクターであるヘクトル・ベラスケス氏は、それを現場で実践しました。

ベラスケス氏は、車いすの人たちを空港の案内スタッフとして採用したのです。車いすの職員たちは、到着した乗客を空港内の目的地まで案内する役割を任されています。この試みは、車いすの人たちに雇用を提供するだけでなく、障害者に対する健常者の既成概念を打ち破るものです。

メキシコシティ国際空港の手荷物受取所から伸びる通路では、車いすの職員たちが笑顔で乗客を出迎え、タクシー乗り場や乗り継ぎ便の搭乗口まで案内しているのです。彼らの存在は、乗客と上司を同時に喜ばせています。

車いすの職員の一人は、そこを通る多くのビジネスマンたちから、車いすの人たちを雇用することについてたびたび質問を受けると語っています。彼らの存在は、乗客はもちろん、社内で働く人々をも同時に喜ばせているのです。

この試みを実現させるには、前例にないことに挑戦する強い覚悟と意志が必要でした。

壁を壊し、既成概念を打ち破り、人に新たな機会を提供するためにできることはありませんか？

仕事のしかたを見直す方法はありませんか？

実際にそれを行った美術館の例を紹介しましょう。

あなたは美術館で全身黒ずくめか、あるいは制服に身を包んだ監視員を見たことがあるはずです。

彼らはとても厳格で一見退屈そうに見えます。一日中立ちっぱなしで、「立ち止まらないように」「作品に触れないように」と来館者に注意して回るのは、さぞかし疲れることだろうと想像します。私は実のところ、こうした監視員の存在が作品鑑賞の妨げになっていると思っていました。

本当にそういうやり方をする必要があるのでしょうか？

オーストラリアのシドニー現代美術館では、館内全体に警備員を置かず、地元の美術学生を雇って作品を監視させています。

学生たちは制服ではなくTシャツを着用して、作品に関する質問に答えるために待機しています。

彼らは積極的に来館者と触れ合い、作品の解説をしているのです。

親しみやすく、頼りになり、知識も豊富な学生たちは、美術館での鑑賞体験を楽しいものにしてくれます。

この取り組みには別のメリットもあります。学生たちは収入を得ながら、美術館の所蔵作品について学ぶことができるのです。

これまで人と共有するのをためらっていた「とっておきのアイデア」はありませんか？

今すぐにそのアイデアを共有してみませんか？

どうすれば仕事のしかたを見直して変えることができますか？

毎日を最高の日にする秘訣

▽ 斬新なアイデアを思いついたら実行に移す

22

違いを見せる

違いによって影響力を高められます。私たちはみな、何かしら人と違っています。

もしあなたが名門大学出身者が大半を占める会社で働いていて、自分は大卒ではなかったなら、自分の経歴を隠さずに人に伝えてください。

それが同じ経歴を持つ人たちを勇気づけ、あなたの会社に応募しようという気持ちにさせるかもしれません。

それによって、あなたも自信が得られると同時に、人々の誤った認識を改めることができます。

卓越した成功者は、人と違うことをして、自分らしさを発揮している人たちです。

日本が多様性の活用に取り組み、仕事の種類や社会が変化するなか、自分がいかに人と違うかを進んで表現しようとする人たちが今後さらに増えるでしょう。

組織に付加価値を提供してください。

そうすれば、人と違うあなたのやり方が受け入れられ、むしろ奨励されるでしょう。

自分に自信があり、組織に貢献できるという確信が持てるなら、ためらうことはありません。

多くの人は、一味違う相手、何かを学べる相手、一緒に楽しく働ける相手、ユニークな相手と仕事をしたがるものです。

私たちは誰もがユニークな存在なのではないでしょうか？　もちろん、そのとおりです。

「右へならえ」の行動やルーティンは、やがてマンネリにつながります。マンネリを防ぐための新しい方策を組織に導入してください。

毎日を最高の日にする秘訣

▽マンネリを防ぐ

23 違いを生かす

クライアント企業の受付の女性から「あなたはとてもユニークな方ですね」と言われ、返答に困りました。冗談っぽく「それはほめ言葉ですか?」と尋ねると、「ええ、もちろんです」との答え。

そのとき「誰もがユニークなのでは?」と返せばよかったと思いました。

もちろん、誰もがユニーク(独自)な存在なのですから。

25年以上前に初めて日本に来たとき、多くの人が自分は「典型的な日本人」だと言っていました。

しかし最近では、あまりその言葉を聞きません。典型的な日本人の概念そのものが変わりつつあるのでしょうか？

近年では自分の違いを表現するのを恐れない個性的な日本人に、私はたくさん出会います。日本が多様性の活用に目を向け始め、仕事の種類やライフスタイルが変化するなか、自分と人との違いを進んで表現しようとする人たちがさらに増えるとみられます。

組織に同調して「なじむ」のが当たり前とされる日本では、自己を主張するのが難しい場合もあることはわかります。

特に、就職活動中や仕事を始めたばかりのときは、自分の違いを表現することは難しいでしょう。その証拠に、就職面接の列に並ぶ若者たちは、全員が同じようなスーツを着て同じようなカバンを持ち、似たような髪型で似たような靴を履いています。

「出る杭は打たれる」は、今でも多くの場所で見られます。しかし、組織に付加価値を提供すれば、あなたの違いは受け入れられ、むしろ奨励されるでしょう。

違いを今すぐにアピールする必要はありません。ヒントはもう一つの日本のことわざにあります。

「能ある鷹は爪を隠す」

あなたは、自分の違いを認めて大事にしながら、自分が確実だと思うタイミングで自分らしさを主張すればよいのです。

人との違いは存在感を発揮し、存在感のある人は他者にポジティブな影響力を持ちます。みんなと同じでは影響力を発揮できません。

あなたが違いを恐れずに表現すれば、他の人たちもあなたにならって自分らしさを出せるようになります。

毎日を最高の日にする秘訣

▽自分が望むタイミングで自分の独自性を表に出す

24 違いに価値を持たせる

自分の違いを生かして、まわりにもっと影響を与えられるようになりたいですか？　ならば、違いを隠すのをやめてください。

人と違う考えを持っていますか？　ならば、それを放っておかないでください。堂々とその考えを述べてください。同じことを言いたかった人が他にも見つかるはずです。大学を出ていないなら、人にそう伝えてください。それが同じ経歴を持つ人たちを勇気づけます。

目立つことや人に反対することだけを目的に、まわりと違う振る舞いをするのはよくありません。「あえて反対意見を言わせてもらいます」という発言を聞くとうんざりします。反対なら正々堂々と反対してください。役割を盾にしてはいけません。

「変」と「違う」は紙一重です。人によっては、服装や外見のスタイルで違いを見せようとします。

注目を引くために人と違うことをしているのか、ポジティブな影響を与えようとしているのか、自問してください。

あなたの違いに価値を持たせてください。それによって、どのようにまわりにポジティブな影響を与えることができるか考えてください。

毎日を最高の日にする秘訣

▽目立とうとしてまわりと違う振る舞いをしない

25 不安にとらわれない

私たちは誰もが恐れや不安を抱えています。不安や恐れの中には、非常に役に立つものもあります。その不安や恐れのおかげで、私たちは安全な暮らしを保てているのです。

しかし、私たちを不幸せな状況に押しとどめ、身動きがとれないようにさせる不安もあります。転職のリミットや昇進に関する不安、プレゼンテーションの前に過度な緊張を引き起こす不安です。

誰もがいろいろな違った不安を抱えていることを自覚してください。

新しい状況に足を踏み入れるときは誰でも緊張してしまいます。それでも、不安に支配されたり、押しつぶされたりしてはいけません。


何を恐れているのか自問してください。

人から笑われることですか？

拒絶されることですか？

失敗することですか？

もしかしたら、うまくいきすぎていることが不安なのですか？

しっかりとリサーチし、準備を整えれば不安をかなり軽減できるはずです。

あなたも仕事も、不安に振り回される必要はありません。効果的な不安の克服方法があります。不安を抱えていることを認めながら、不安に包まれないよう、頭の中で不安の塊を脇に置くのです。


自分の成し遂げたいことに関して、不安に邪魔されることはないのだと自分に言い聞かせてください。

不安や恐れる気持ちは、チャンスを逃す一番の大きな足かせとなるのです。

不安にとらわれない生き方や働き方をしてください。

毎日を最高の日にする秘訣

▽誰もが不安を抱えていることを自覚する

▽事前にリサーチを行い、準備を整える

26 今現在に幸せを感じる

お金や持ち物によって、多くの人に強い印象を与えられるのは確かです。豪邸に暮らす人に会うと、「自分もそういう人生を手に入れたい。それだけのお金が欲しい。もっとお金が欲しい」とあなたは思うかもしれません。

私もかつてはこうした考えに取りつかれ、自分より稼ぎがいい人たちに強い嫉妬心を抱いていました。この種の嫉妬は、私を不幸にするばかりで、私の自信を奪い、自尊心を損ねていました。

私は決して満たされず、さらに悪いことに、自分をつまらない人間であるように感じていました。人は往々にして収入と自尊心とを結びつけてしまうのです。

作家のアン・ラモット氏は、その生き方を描いたドキュメンタリー映画の中で、誕生日に何が欲しいかと訊かれました。

それは彼女にとって答えるのが難しい質問だったようです。戸惑った表情を見せた後、彼女はようやく答えました。

「必要なものはすべて持っているわ」と。

この言葉は私の胸を打ちました。そして今でも、私の気持ちを楽にしています。人口の半分近く――30億人以上――が一日2・5ドル未満で生活しているこの世界で、自分はもう十分豊かではないのか？　そう気づかせてくれたからです。

私は「自分の人生は豊かだ」「今自分が手にしているもので十分だ」と思うことにしました。やみくもにお金を欲しがったり、嫉妬心を抱いたりするのはやめようと決めたのです。

お金や富に関する嫉妬心が完全に消えたわけではありませんが、ずいぶんと減りました。そういう感情が湧きあがっても、前より素早く振り払えるようにな り、今の人生で十分生活が豊かだということに感謝できるようになったのです。

「自分は豊かだ。必要なものはすべて持っている」と自分に言い聞かせたら、何が起こるでしょうか？

より自信にあふれ、より幸せを感じ、人にもっと寛容になれるはずです。

あなたはお金がいくら必要ですか？

毎日を最高の日にする秘訣

▽収入による嫉妬心を抱かない

27 さまざまな人たちとつながりを持つ

業種や趣味、考え方が違う人をはじめ、自分と違うさまざまな人たちとつながりを持ちましょう。仕事や人生がもっと面白くなります。

どこでそういう年齢も業種も趣味も違う人たちと出会えるのでしょうか？

レストランのイベントやワインイベント、チャリティーイベント、クッキングスクールなどたくさんのイベントがあります。

こういったイベントの情報はインターネットや新聞で簡単に探すことができます。そして、こうしたイベントの参加者の多くは、あなたのような初対面の人たちと出会うことに興味を持っています。

どんなグループにも、思っている以上に多様性があります。たとえば、出身地、セクシュアリティ、学歴、年齢、さらには思考、アイデア、行動の多様性などです。社内で部門を跨いだプロジェクトに応募する機会があれば、自ら手を挙げて参加してください。通常のプロジェクトより困難を伴いますが、多様な意見が飛び交うことで、よりよい成果が生まれます。やりがいも大きく、貴重な経験を積むこともできます。

多種多様な同僚や友人がいることで、人生ははるかに面白く刺激的になります。

毎日を最高の日にする秘訣

▽多様性が生まれる場所へ行く

28

心に残る贈り物をする

日本へ移り住んだ当初、日本の友人の多くが手土産を携えて私の家を訪れることに驚きました。米国では、あまりこうした慣習がないからです。しかし、贈り物を頂くことはとても嬉しいものです。

贈り物をするときは、相手が気に入りそうなものを、もしくはあなたのセンスを最大限に駆使して、吟味して時間をかけて選びましょう。受け取った相手が包みを開けたときにどういうリアクションをとるか想像しながら選んでください。相手はその贈り物によってあなたのことを理解するのです。贈り物とともにあなたを記憶にとどめるのです。

どこでも見かけるマカダミアナッツチョコレートなど、空港で適当に選んだようなありふれた物を旅行のお土産にするのは避けましょう。贈り物は、物とともにあなたの相手を思う心、気持ちを贈るものなのです。

また、あなたの会社が物品やチケットを無料で提供する場合、受け取った側がメリットを十分に得られないような多くの制限を加えてはいけません。受け取った人を喜ばせるどころか、怒らせて企業イメージを悪くしてしまいます。受け取る人が心から喜ぶような、相手の心に残る贈り物をしてください。

毎日を最高の日にする秘訣

▽ **相手を想う気持ちをこめて贈り物を選ぶ**

第4章

まわりの人に影響を与える

29 言語の違いを乗り越える

コミュニケーションをとるために、相手と同じ言語を流暢に話すことについて拘る必要はありません。

言語はコミュニケーションの一つのツールにすぎません。おまけに不完全です。共通言語を持たないとコミュニケーションがとれないと思い込まないでください。

一番必要なのは、言語の違いを乗り越えるために、相手とコミュニケーションをとりたい、結びつきたいという気持ちと努力です。こうした場面では、不安や恥をかくことへの恐れを脇に置かなければなりません。

身振りやイラストやアイコンタクトを使ってコミュニケーションをとりましょう。視覚イメージは、言葉よりも雄弁かつ明確にメッセージを伝えます。

違う言語を話す人と会うときは、あきらめたり躊躇したりしないでください。絵を描くなど他のコミュニケーション方法を探してください。

同僚に通訳を頼んでみましょう。完璧ではありませんが、オンライン翻訳も使ってください。完璧でないのは言葉も同じです。

数年前、私は日本語を話さない米国人のクライアントと、その会社の英語を話さない日本人のロケーションマネージャーと仕事をしました。彼らは図を描き、地図を見せ合い、数字を書き出し、面積を示し、近所の目印となる建物の絵を描きながら、新規店舗の出店場所を決めていきました。

彼らは、同じ言語を使う人たちと話すよりも、お互いに努力を惜しまないので、コミュニケーションをとりやすいと言っていました。

毎日を最高の日にする秘訣

▽身振りやイラストなどを駆使しコミュニケーションをとる

30 インパクトのあるプレゼンテーションをする

プレゼンテーションをするときは、会場をあなたのポジティブなエネルギーで満たしてください。メッセージをゆっくり明確に伝え、聴衆の顔を見て心を通わせましょう。

熱心に語りかけ、デモンストレーションを盛り込み、身振りをまじえながら発表をすれば、聴衆の注目はあなたに集まります。プレゼンテーションを楽しみましょう。あなたが楽しめば、聴衆も楽しくなります。

発表している間、聴衆にどのように感じてほしいか考えながら進行してください。これが大きな違いを生みます。

スティーブ・ジョブズはプレゼンテーションの達人でしたが、彼はスライドには大きな数字と視覚イメージを1つ配置するだけで、ほとんど何も書きませんでした。

箇条書きも使いすぎないようにしましょう。

プレゼンテーションに箇条書きが多く使われていると、聴衆の集中力を削ぎます。3〜4つの箇条書きばかりが延々と続くスライドほど退屈なものはありません。

自分自身も満足でき、聴衆も満足させられるプレゼンテーションができたなら、それはあなたにとってのパーフェクトな一日となるでしょう。

毎日を最高の日にする秘訣

▽ **ゆっくりと聴衆の顔を見て話す**

▽ **スライドのビジュアルイメージを工夫する**

31 視覚に訴える

変革を促すツールとして、携帯電話のカメラを有効的に使いましょう。改善を要するところを明らかにするために写真を撮り、変革の必要性を視覚的に証明してください。その写真は、統計データや長々とした説明よりも、はるかに効果的なインパクトを与えます。

ある友人は、自分の会社にフレックスタイム制を導入したいと考えていました。

彼女は会社の経営陣に、逸失時間や他社事例に関する統計データを大量に示して説明しました。

しかし、経営陣にフレックスタイム制導入を決意させたのはデータではなく、彼女が撮影した、約100人の従業員が朝の出勤時にエレベーターの前に列をつくっている写真でした。

沢田教一氏がベトナム戦争のさなかの1965年、居住する村への爆撃から逃れようとするベトナム人家族を撮影した写真は、20世紀の歴史を伝える代表的な一枚となっています。

深い川を渡ろうとする明らかにおびえた表情の母親、祖母、二人の幼い子ども、赤ん坊の姿を沢田氏はカメラに収めました。

この写真は、世界中の人々に戦争の怖ろしさを実感させました。

あなたが撮った写真は人の行動を促すことができるのです。

大きな変革であれ、小さな変革であれ、変革や改善を行うためには、視覚に訴える写真というツールを利用してください。

毎日を最高の日にする秘訣

▽ **変化をもたらす際に写真を使う**

32 イベントを企画する

人と人の間にある壁を取り払い、打ち解けるようにするにはみんなが参加したくなる面白いイベントを催すのが一番です。

組織を発展させ、お互いの絆を深めるのと同時に、自身のリーダーシップを磨くことができるのが、企画者のメリットです。

忘年会や新年会、歓迎会など、イベントを開催する理由はたくさんあります。

自分はイベントの企画が得意なタイプじゃないと思うなら、社交的な同僚やマネジャーの協力を求めましょう。2、3人を飲み会に誘うなど、簡単なことから始めてください。

大規模なイベントを企画するときは、オンライン会議ソフトの助けを借りることもできます。

定例イベントとして、他部署の同僚を混じえた昼食会の企画開催を行うことによって、あなた自身はもちろん参加者にも必ず得るものがあります。

イベントの開催はクライアントや同僚との絆を深める手段の一つであり、あなたの会社やグループに対するロイヤルティを高めることにもなるのです。

毎日を最高の日にする秘訣

▽**人に協力を頼みながらイベントを主催する**

33 人を引き合わせる

世界を広げるのに、いたってシンプルな行動があります。それは、人を紹介して引き合わせることです。

友人や同僚と二人で歩いているときに、別の友人が通りかかって、あいさつがてら立ち話をする、ということがあります。そんなときは、初対面同士を紹介して引き合わせてください。

自分にとって面識のない人と友人が話し込む間、横にぼんやりと突っ立っている状況に置かれたこともあるでしょう。こういう状況は何とも居心地が悪いものです。

あなたが友人の立場なら、必ず面識のない二人を紹介して引き合わせてください。


もし友人があなたを紹介しないときは、自分から「お会いするのは初めてですね。私は○○○○です」と自己紹介しましょう。

オンラインでも人を引き合わせることができます。

例えば近々大阪へ引っ越す友人がいたとしたら、大阪に住む友人知人をオンラインを利用して紹介するのです。


こんなメッセージを送ってみましょう。

「もうすぐ大阪に引っ越しですね。実は、大阪暮らしが長い友人がいます。二人には共通点がたくさんあるので、お酒かコーヒーでも一緒に飲めば楽しいはずです。あとは二人に任せます。よかったら連絡を取り合ってみてください。ではよろしく。ボブ」

こうした紹介は双方に喜ばれるはずです。

毎日を最高の日にする秘訣

▽**面識のない人同士を紹介する**

34

祝い事を企画する

私の著書『What Do You Want To Create Today?（今日は何を実現しよう？）』と『10年後、後悔しないための自分の道の選び方』が刊行された際、私は自宅近くの会場で料理とワインを楽しめる出版記念パーティーを開催しました。

パーティーのおかげで、その本に興味を持つ人たちと直接会って話をすることができました。

また、同じ興味を共有する人たち同士が知り合う機会にもなり、互いに話が弾んでいる姿をみているだけでも大変嬉しい時間になりました。

私の友人の今村彩子は、耳の聞こえない映画監督です。ドキュメンタリー映画『Ｓｔａｒｔ　Ｌｉｎｅ（スタートライン）』を制作したとき、彩子は日本全国で上映会を実施しました。その後、映画のＤＶＤが制作されたときには、オンラインでのみ販売を行う予定でした。

そこで私は「ＤＶＤ発売記念パーティーをしよう」と提案しました。

彩子は提案に応じ、パーティを開くことになりました。当日は50名を超える人たちが集まり、40枚のＤＶＤが売れました。

販売されたＤＶＤはさらに多くの人の目に触れるはずです。

その祝いのパーティーは、耳の聞こえない人たちと、聞こえる人たち、手話通訳者、学校の校長、彼女の多くのファンたちなど、昨日までは互いに知らなかったもの同士を結びつけました。

仕事でもプライベートでも祝い事を企画する理由はたくさんあります。たとえば、新しいスタッフや訪問者の歓迎、新規プロジェクトの立ち上げ、誕生日、祝日など。
あなたはどのような祝いのイベントを企画しますか？
お祝いは、される方もする方も楽しいのです。

毎日を最高の日にする秘訣

▽誰かの昇進、異動、結婚、出産をお祝いする

35 新しい出会いを楽しむ

私が大橋人士と始めたアートギャラリーの当初の目的は、カンボジア、タイ、ラオス、ベトナムを巡る旅で知り会った東南アジアのアーティストたちを応援し、その作品を紹介することでした。その後ビジネスが成長するにつれ、日本の若いアーティストにも力を入れるようになりました。

「ギャラリーの経営は、教職や文筆業とは全く違うでしょう?」とよく人に聞かれますが、実のところどれも同じだと答えます。

ギャラリーも、人々の暮らしを変え、ポジティブな影響を与える役割を担っています。自宅やオフィスにアートを飾ると、それだけで雰囲気が変わり、気持ちが豊かになります。アートは刺激をもたらし、その場所の雰囲気を変えます。

予想外だったのは、このギャラリーがコミュニティをつくり出し、人と人とを結びつけていることです。私たちは、アーティストと顧客を結びつけ、顧客として関係が始まった人たちとは友人になっています。顧客同士もお互いに交流を深めているのです。

今では友人となった顧客たちから、時々次のような言葉を頂きます。

「このギャラリーを始めてくれたことに、一生感謝します。おかげで面白い人たちにたくさん出会えましたし、新しい友人もたくさんできました」

私たちが作品を紹介するアーティストからは、こんなメッセージが届きます。

「今年、日本を再訪できるのを心待ちにしています。ギャラリーを訪れるのが、日本滞在の最大の楽しみです」

ビジネスでこんな言葉を聞けるなんて、誰が想像したでしょう？

柔らかなコミュニティが自然発生的にできたことが私たちのビジネスの成長につながっています。ギャラリーを訪れた人たちが顧客となり、友人となり、そして周囲の人たちにギャラリーを紹介してくれるからです。

私たちは毎月アーティストをギャラリーに招き、作品や創作プロセスについて語ってもらうギャラリートークを開催しています。

このイベントは、同じ興味を共有する人たちの交流の場となっています。イベントの後、近所のレストランに席を移して、歓談し議論を深めることもよくあります。

コミュニティづくりの方法はいくらでもあります。

飲料会社で働く友人は、自社の飲料を使った料理教室のスポンサーをしています。近所のイタリアンレストランでは、ワインのイベントやイタリア語講座を開催しています。私がよく利用するベーカリーは、パン教室を開いています。そして最近では、バリ料理レストランが主催するインドネシア旅行に参加し、素敵な人たちと出会うことができました。

人生をさらに楽しく充実させるために、今までなんの接点もなかった人たちと出会う場に足を運んでみましょう。もちろん、そのような場や会を自分で企画するのも楽しいものです。

新たな出会いは、さらに楽しく充実した人生を過ごすことを助けてくれるのです。

毎日を最高の日にする秘訣

▽人やビジネスのためになるコミュニティをつくる

36
会議のあり方を見直す

もっと会議に参加したいといった声は、一度も聞いたことがありません。

現在の私たちは、あまりにも多くの時間を会議に割いています。ときには一日中会議続きで、仕事がまったく片付かないこともあります。

現代の会社生活の一部となっている会議地獄を終わらせるためにできることをやってみましょう。そうすれば、周りから感謝され、あなた自身も生産性を格段に向上させることができます。

あなたが会議を運営する立場なら、会議の目的が明確であることを確認したうえで、開始時間と終了時間を設定し、参加者全員に事前に議題と必要な資料を提供して、会議中に必ず意思決定を下すようにしてください。

そうすれば、会議に時間を割く価値があると全員が実感できます（唯一の決定事項が次の会議の日時だったという会議に出席したことがあります）。

適切な場合は、書記、発表者、進行役といった役割を持ち回りにして、できるだけ多くの人に役割を与えてください。

また、「空気を読む」ようにしましょう。参加者が前かがみになって居眠りをしていたら、そろそろ会議地獄を終わらせるときです。

あなたが会議を運営する立場でない場合は、会議で疲弊しないために取れる対策があります。

第一に、立て続けに会議の予定を入れずに、会議と会議の間に十分な時間を取るようにしてください。

第二に、会議に費やす時間に制限を設けましょう。会議に最初から最後まで出席するのではなく、あなたが必要とされている議題のときだけ出席するのです。

第三に、同僚たちを集め、会議運営に関する上記の指針を守るよう会議責任者を説得してください。

会議のあり方を改善することは、パーフェクトな日々の実現につながります。

毎日を最高の日にする秘訣

▽ **会議で決定するべき事項を決める**
▽ **会議に割く時間を決めておく**

37

ランチをごちそうする

友人や同僚とランチに出かけたとき、相手が思いがけず食事代を払ってくれたとします。

そのとき、あなたはどう感じますか？　きっととてもいい気分になるはずです。

では、あなたが相手の食事代を払ったとしたら、相手はどう感じるでしょうか？　幸せな気持ちになると思います。

ランチをごちそうするのはささいな行為ですが、ポジティブなインパクトを残します。

ランチをとりながら友人が相談に乗ってくれたとき、アドバイスをくれたとき、楽しい時間を過ごせたとき、あるいは特に理由がなかったとしても、友人の食事代を払うことを考えてみましょう。

高価なランチである必要はありません。ファミリーレストランのランチでも喜ばれます。

その友人が自分が払うと言って聞かない可能性もありますが、あなたがごちそうしてください。ただただ気持ちがいいですから。

ごちそうするのはランチでなくてもかまいません。コーヒーやお酒でもよいでしょう。

同僚や友人にごちそうすることで、あなたは気分がよくなるでしょう。それだけで十分なのです。

いつもと違うポジティブな行いをすることで何かを感じることに意味があるのです。
たいていの人が、後日お返しにごちそうしたいと申し出るはずです。
たとえそうでなかったとしても、このちょっとした行為から十分満足感を得られます。

毎日を最高の日にする秘訣

▽ランチやコーヒ、お酒などをごちそうする

38 常に優しさを心がける

ためらわずに、できる限り人に親切にしましょう。優しさを持って人と接すると、自分に自信が持てるようになります。また、周りの人もあなた自身も幸せな気持ちになります。

あなたが後ろから来る人のためにドアを押さえておくと、その人もたいてい次の人のためにドアを押さえています。あなたが後ろの人を気にかけなければ、その人もたいてい後ろの人を気にかけません。

電車でお年寄りや妊娠している女性に席を譲ると、気分がよくなります。たとえ相手がその申し出を断って、多少気恥ずかしい思いをしたとしても、あなたは思いやりを示したのですから。

社内で机と椅子を並べ替えて会議の準備がしてあったのであれば、会議終了後は机と椅子を元に戻すのを手伝ってください。

他の人があなたの行いを見て、自分も誰かを助けようと思うでしょう。

親切は伝染します。誰かに親切にすると、その相手も同じように他の人に親切にしたくなるものです。こうして、あなたが暮らし働く場所に、優しさと、思いやりの文化を育てることができるのです。

社会科学者たちは、一つの無私無欲の親切の効果が、思いやりの連鎖を広げていくことを明らかにしています。

毎日を最高の日にする秘訣

▽人に親切にする

39 買い物で変化をもたらす

ある場所で特定の商品を購入する行為によって、ある人たちに利益をもたらすことができます。利益の一部を困っている人たちの支援に充てている商品を買ってください。

人のためになるような買い物をしましょう。

たとえば、バングラデシュやスリランカなどの途上国の人々の手でつくられた衣料品などを販売する会社の、丁寧なつくりのおしゃれな洋服やアクセサリーを選んではどうでしょうか？　商品の作り手に対して生活するのに十分な報酬を支払い、作り手を支えているマザーハウスなどの会社の商品です。

スイーツが好きですか？　ならば、種類が豊富なフェアトレードのチョコレートを選ぶことができます。フェアトレードでは、生産者が正当な労働の対価を確実に受け取れるようになっています。

特定の商品を買い求めるときは、それがフェアトレード商品であるか確かめてください。

フェアトレード商品はすべて、強制労働や劣悪な労働条件とは無縁の環境で生産されていなければなりません。作物は持続可能な方法で育てることが条件で、遺伝子組み換え作物はフェアトレード認証を受けることができません。フェアトレードの生産チェーンへの参加が、人々にとって大きな利益につながっています。

お金を使うときには、たくさんの選択肢があります。フェアトレードで買い物をすることを選択すれば、小さいながらも社会の変化を促し、発展途上の国の人たちの支援に繋がるのです。

買い物によって気持ちがよくなるとともに、大勢の人たちが直面する課題を理解できるようになります。

毎日を最高の日にする秘訣

▽フェアトレードにお金を使う

40 個人経営店を応援する

近所の商店街が店じまいした空店舗ばかりになった様子を想像してください。その街に味があって面白いのは、多種多様な個人経営店があるからこそです。

ネット通販や大型店で買える物と同様の商品を扱っている個人商店を見つけてください。自分たちの仕事に誇りを持っている、美味しい料理を出す個人飲食店へ行きましょう。

そういう店では、店主とのコミュニケーションを楽しむこともできます。八百屋の主人が、あなたが買った野菜を使ったユニークなレシピを教えてくれることもあるでしょう。

大きなチェーン店ではなく、小さな居酒屋に入ってみましょう。ありきたりのマニュアルとは違った応対で楽しませてくれるかもしれません。メニューにはない料理を教えてくれたり、量の多め少なめのリクエストを聞いてくれたりもします。

個人商店で買い物し、地元の飲食店で食事すれば、店主を励まし、地元の人たちとのつながりを深め、店の存続を支えることができます。

常連になることで、個人経営店の繁盛を後押しできます。

質の低い商品を選んだり、気に入らない飲食店に行ったりする必要はありません。

ただ可能なら、お気に入りの店を見つけて、できるだけ応援し、足繁く通ってください。そうすれば、あなたの毎日ももっと豊かになります。

個人経営店が閉店すれば、買い物する場所を失うだけでなく、街の温かみも失います。

個人の経営するお店に足を運ぶことで、あなた自身が想像していたよりも素晴らしい時間と商品や料理を楽しめるのです。

毎日を最高の日にする秘訣

▽個人経営の店でお金を使う

41 手書きのメッセージを送る

人に感謝やお祝いの気持ちを伝えたいときは、メールではなく、手書きのメッセージを送りましょう。

便箋を選んだり下書きをしたりと、メールより時間はかかりますが、あなたが心を込めて時間をかけて書いたことが必ず相手に伝わります。

それは、あなたが相手を大切に思っている証しです。

字が下手でも心配はいりません。一番大事なのは、伝える気持ちです。

メールと手書きのメッセージとでは大きな違いがあります。あなたの思いやりが表れた手書きのメッセージは、相手の机の引き出しに大切にしまっておかれるかもしれません。

かつての同僚に、素晴らしい人間関係を築くことに秀でた人がいました。彼は会った人に必ず手書きのはがきを送ることを習慣にしていたため、送られた人たちは彼の細やかな気遣いに驚いていました。

手書きのメッセージを送りましょう。そうすれば、気遣いと思いやりのある人として相手の記憶に残ります。

▽**感謝の気持ちを手書きで伝える**

42 自分専用のメディアチャネルで楽しむ

フェイスブック、インスタグラム、ツイッター、YouTubeといった、不特定多数の人に届く自分専用のメディアチャネルをあなたは手にしています。

これらのメディアはすべて無料です。

無理のない、楽しめる範囲で自分のことを発信してみましょう。

おすすめの本・映画・スポットを紹介したり、あなたの投稿で人を笑わせたり、人に何かを教えたり、考えさせたりすることで、コミュケーションを図ることができます。

あなたのフェイスブックやブログに寄せられたメッセージには短くても良いので必ず返信してください。

逆に人が書いた投稿に返信するときは、質問したりシェアを依頼したりして相手に余計な手間をとらせないようにしましょう。

あなたのＳＮＳプラットフォームを、敵ではなく、友だちをつくるために使ってください。

ソーシャルメディア上では、不満や愚痴ばかりこぼさないようにしましょう。不満や愚痴は人を遠ざけます。

人と議論する必要もありません。誰かの意見に賛成できないときや、誰かがあなたの意見に反対するときは、ただやり過ごすか、オフラインで議論しましょう。

自分が投稿した内容をほめられたときは、感謝の気持ちを伝えてください。また、人が投稿した内容を気に入ったときは、相手をほめましょう。

ソーシャルメディアはあなたのもう一つの舞台になり得るということを忘れないでください。

毎日を最高の日にする秘訣

▽ **ソーシャルメディアで友達をつくる**

第5章

さらに幸福な毎日を送る

43

存分に笑う

「笑う角には福きたる」と言われるのには理由があります。周りにあなたを笑わせてくれる人はいますか？　もしかしたら、あなた自身がユーモアのセンスが抜群で、人を笑わせているかもしれません。面白い人たちを見つけ、ユーモアのセンスがある人たちと過ごす時間を増やしましょう。

笑いは人と人とを結びつける接着剤のようなものです。笑いは創造性を発揮し、仕事を楽しくするために効果的です。

ただし、他人をネタにした冗談を言わないように気をつけてください。人のことをネタに笑ってはいけません。この種のユーモアは、あなたにユーモアのセンスがないことを知らせることになります。

あなたが特別に面白かったり、冗談を言ったりする必要はありません。日常の出来事の中にユーモアを見つけてください。

周りを観察して、何気なく出た言葉が人を笑わせることもありますし、いざとなれば自分に起こった出来事を笑いのネタにすることもできます。

ユーモアのセンスはあなたの一部として認知されるのです。

ある友人は、車にはねられるという悲劇を人を笑わせるネタとして使いました。

入院している彼をお見舞いに行って彼の姿を見たとき、あまりにも包帯の巻き方が雑で笑ってしまったのですが、研修医が包帯を巻いたのだと彼は言います。

そして見舞いに行くたびに、友人は色々な人物に似せて包帯を巻き直して見舞客を笑わせていたのです。いろんなバージョンの包帯姿を「ロシアのおばあさん」「クリスマスのサンタ」と名づけて披露していましたが、中でも秀逸だったのが「女子修道院長」です。

ユーモアのセンスを磨いて、辛いことも笑い飛ばせるようになりましょう。

あなたが笑えば、世界があなたに笑いかけるのです。

毎日を最高の日にする秘訣

▽日常の出来事の中にユーモアを見つける

44 自分の収入について不平を言わない

ほとんどの人がもっと収入を増やしたいと思っています。ですが、今の収入について不満を言うのは、自分のためになりません。

特に、あなたの収入に何の影響力も持たない人に不満を言うのはよくありません。

自分の収入について常に不満を言っていると、他人の目に映る自分の価値を下げてしまいます。

人はあなたが下した決断に疑問を抱き、なぜ収入を増やす行動を起こさないのだろうかと不思議に思います。

あなたの所属組織が、高い報酬を払うほどあなたの能力を買っていないように見えるかもしれませんし、あなたは実際よりも弱い人間に見えてしまいます。


少なくとも当面は今のポジションで働くと決めたのはあなた自身です。自分が下した決断に誇りを持ってください。さもなければ、仕事を変えるか、別のことをしてください。

もっと簡単なのは、不満を言うのをやめることです。

「必要なものはすべてある」と口にするとき、そこにはある種の満足感が込められています。


実は、収入をもっと増やしたいという希望を話すべき相手が一人だけいます。あなたの上司です。

しかし、上司に対して、単純にお金についての不満を言ってはいけません。

その代わりに、あなたが大きな付加価値をもたらしていること、他の組織で同じ職務に就いている人たちの外部市場価値を踏まえると、あなたの現在の報酬が低いことを説明しましょう。

毎日を最高の日にする秘訣

▽「私は必要なものはすべて持っている」と言ってみる

45

営業を知る

組織は常に営業に長けた人材を必要としています。

組織にお金をもたらし、会社を繁栄させるのは、セールスパーソンです。売上や収益がなければ組織はつぶれます。

NPOで働いている人でも、寄付を募るために自分たちの活動を売り込む必要があります。

優秀なセールスパーソンはいつでも引く手あまたです。職探しには苦労しません。組織に重宝され、大半の従業員よりも高い自由度で働けます。

私たちは誰もが自分自身と自分のアイデアの売り込み方を学ぶ必要がありま

す。

優れたセールスパーソンのノウハウを学びましょう。

彼らは相手の話を聞くことの重要性と、相手の話を引き出す方法、そのためにどんな質問をすべきかを知っています。

これらはとても重要な営業の基本であり、あなたの人生のさまざまな場面において、非常に役立ちます。

毎日を最高の日にする秘訣

▽相手の話を聞き、質問するスキルを身につける

46

自慢、謙虚を装った自慢をしない

「謙虚を装った自慢」がどういうものか知っていますか？

人に対する称賛のように見えて、実は自分に注目を集める手段にすぎない発言です。

人と話しているときに耳にすることもありますが、ソーシャルメディアの投稿にも多く見られます。


一例を挙げましょう。

「この素晴らしいイベントに再び参加できて、とても嬉しく思います。イベントを運営するのは、私がこの組織の長を務めていたときに立ち上げた委員会です。パネリストとスポンサーの写真に写っている私の姿を見つけられますか？」

この種のコメントは、あなたを二方向へ引っ張ります。一方は称賛、もう一方は自慢です。

「これが称賛といえるだろうか？」とあなたは首をかしげます。

さらには「自慢を入れずに人をほめられないなんて、一体どういう人なのだろう」と疑問に思うでしょう。

謙虚を装った自慢は、間違いなく本人の影響力を弱めます。

あまりにも度が過ぎる発言をしていると、信用を失うことにもなりかねません。

謙虚を装った自慢をする必要はありません。称賛するときは、純粋に称賛してください。

謙虚さは美徳です。

毎日を最高の日にする秘訣

▽**称賛するときは純粋に称賛する**

47 やみくもに交流しても意味はない

ネットワーキングは、人と出会い、仕事上の人脈をつくる有効な手段だと思うかもしれませんが、決して最善の手段ではありません。

ネットワーキングは、仕事上の人脈づくりを唯一の目的に大勢の人たちが集まるイベントです。

「当たり外れ」がよくあります。誰もが自分のビジネスに利益をもたらす人と出会いたいと思って参加しますが、その可能性は百に一つです。

また、会話を始めるのもそれほど簡単ではありません。

それよりも、慈善事業を支援するイベントや、コミュニティセンターの講座に足を運んでください。同じ関心を共有しているため、参加者同士で簡単に知り合いになれます。

大きなイベントに参加して、あなたが思い出せない人や、残念ながらあなたのことも思い出せない人たちの名刺をたくさん集めても意味はありません。

あなたの興味を引く発表者や発表内容のイベントに参加してみましょう。

大きなイベントよりも小さなイベントの方が、参加人数が少ないぶん参加者と深いコミュニケーションがとれます。

新しい出会いの場で大切なのは、会った人の数ではありません。

会った人にあなたが興味を持つか、会った相手があなたに興味を持つかどうかが大事です。

数ではなく、意義を追求してください。

毎日を最高の日にする秘訣

▽興味をもつ人に出会える場に足を運ぶ

おわりに

本書を読んでくださり、ありがとうございました。

本書がすでにあなたの役に立ち、人生がより楽しいものになっていることを期待します。

そして毎日がパーフェクトな日々と思えることを願います。

rtbn@gol.com までご連絡をお願いします。

あなたの人生が喜びに満ちたものになることを祈っています。

謝辞

本書に最初から携わり、命を吹き込んでくださったみなさんに、深くお礼を申し上げます。大橋人士、出版社ディスカヴァー・トゥエンティワンの林拓馬と藤田浩芳の卓越したチーム、矢島麻里子の素晴らしい翻訳に、心から感謝します。

また、本書を読んでくださり、ありがとうございました。本書がすでにあなたの役に立ち、今まで以上に幸せな人生とパーフェクトな毎日が実現していることを願ってやみません。

あなたのこれからの人生が喜びにあふれ、たくさんのパーフェクトな日々に彩られることを祈っています。

ボブ・トビン

A PERFECT DAY　生きるなら、最高の日を

発行日　2019年　1月30日　第1刷

Author　ボブ・トビン

Translator　矢島麻里子（翻訳協力：株式会社トランネット）
Book Designer　坂川朱音（朱猫堂）
Special Thanks　大橋人士

Publication　株式会社ディスカヴァー・トゥエンティワン
〒102-0093　東京都千代田区平河町2-16-1 平河町森タワー11F
TEL　03-3237-8321（代表）03-3237-8345（営業）
FAX　03-3237-8323
http://www.d21.co.jp

Publisher　干場弓子
Editor　藤田浩芳　林拓馬

Marketing Group
Staff　小田孝文　井筒浩　千葉潤子　飯田智樹　佐藤昌幸　谷口奈緒美　古矢薫
蛯原昇　安永智洋　鍋田匠伴　榊原僚　佐竹祐哉　廣内悠理　梅本翔太
田中姫菜　橋本莉奈　川島理　庄司知世　谷中卓　小木曽礼丈　越野志絵良
佐々木玲奈　高橋雛乃

Productive Group
Staff　千葉正幸　原典宏　林秀樹　三谷祐一　大山聡子　大竹朝子　堀部直人
塔下太朗　松石悠　木下智尋　渡辺基志

Digital Group
Staff　清水達也　松原史与志　中澤泰宏　西川なつか　伊東佑真　牧野類　倉田華
伊藤光太郎　高良彰子　佐藤淳基

Global & Public Relations Group
Staff　郭迪　田中亜紀　杉田彰子　奥田千晶　連苑如　施華琴

Operations & Accounting Group
Staff　山中麻吏　小関勝則　小田木もも　池田望　福永友紀

Assistant Staff
俵敬子　町田加奈子　丸山香織　井澤徳子　藤井多穂子　藤井かおり
葛目美枝子　伊藤香　鈴木洋子　石橋佐知子　伊藤由美　畑野衣見
井上竜之介　斎藤悠人　宮崎陽子　並木楓　三角真穂

Proofreader　文字工房燦光
DTP　株式会社RUHIA
Printing　大日本印刷株式会社

ISBN978-4-7993-2420-2